沈旻 斐鸿 著

打卡南京

把 南 京 带 回 家

visit
Nanjing

东南大学出版社
SOUTHEAST UNIVERSITY PRESS
·南京·

图书在版编目（CIP）数据

打卡南京：把南京带回家/沈旻，斐鸿著 .—南京：东南大学出版社，2024.6
ISBN 978-7-5766-1434-3

Ⅰ.①打… Ⅱ.①沈…②斐… Ⅲ.①旅游指南—南京 Ⅳ.① K928.953.1

中国国家版本馆 CIP 数据核字（2024）第 110464 号

打卡南京 把南京带回家
Daka Nanjing　Ba Nanjing Daihuijia

著　　者	沈旻　斐鸿
出版发行	东南大学出版社
出 版 人	白云飞
责任编辑	李成思
责任校对	子雪莲
封面设计	有品堂_刘俊
责任印制	周荣虎
社　　址	南京市四牌楼 2 号　邮编：210096
网　　址	http://www.seupress.com
经　　销	全国各地新华书店
印　　刷	南京迅驰彩色印刷有限公司
开　　本	889 mm × 1194 mm　1/32
印　　张	5
字　　数	172 千
版　　次	2024 年 6 月第 1 版
印　　次	2024 年 6 月第 1 次印刷
书　　号	ISBN 978-7-5766-1434-3
定　　价	48.00 元

本社图书若有印装质量问题，请直接与营销部调换。电话（传真）：025-83791830

南京

简称"宁",古称金陵、建康等,曾用名多达50多个,是我国四大古都之一,是中华文明的重要发祥地,长期是中国南方的政治、经济、文化中心,有7000多年文明史、约2500年建城史和约450年的建都史。南京自古以来就是一座崇文重教的城市,明清时期一半以上的状元均出自南京江南贡院,还有上百个成语出自南京或与之有关。深厚的历史文化底蕴,在南京留下诸多印迹,等待着您去打卡、去解读!

旅游旺季,热门景区都会限流,有的更是一票难求,到时一定要提前预约并做好攻略哟!

目 录

传统打卡区

长江路历史文化街区

总统府	002
六朝博物馆	006
江宁织造博物馆	007
中共代表团梅园新村纪念馆	008
国立美术陈列馆旧址	009
国民大会堂旧址	009
中央饭店	010
毗卢寺	010
利济巷慰安所旧址陈列馆	011
南京图书馆	011
1912 街区	012

钟山风景名胜区

中山陵	016
明孝陵	020
梅花山	022
东吴大帝孙权纪念馆	024
灵谷寺	026
美龄宫	028
紫金山天文台	031
航空烈士公墓	032
中央体育场旧址	033
中山植物园	034

夫子庙秦淮风光带

夫子庙	038
孔庙	042
学宫	044
文德桥	045
中国科举博物馆	046
秦淮画舫	048
乌衣巷	050
王导谢安纪念馆	051
瞻园	052
李香君故居	054
老门东	056
白鹭洲公园	057
吴敬梓故居	058
桃叶渡	058

经典打卡点

南京博物院	062
侵华日军南京大屠杀遇难同胞纪念馆	066
雨花台烈士纪念馆	068
南京明城墙	070
玄武湖公园	074
大报恩寺遗址	076
南京长江大桥	078
新街口	079

目录 | 003

阅江楼	080
天妃宫	082
静海寺	083
颐和路公馆区	084
渡江胜利纪念馆	085
红山森林动物园	088
鸡鸣寺	090
浦口火车站	091
鼓楼	092
栖霞山	093
幕燕滨江风貌区	094
朝天宫	096
愚园	097
明故宫遗址	098
莫愁湖	099
清凉山	100
甘熙宅第	101
浡泥国王墓	102
河西滨江风光带	103
先锋书店	104

未开放景点

憩庐	108
中国战区侵华日军投降签字仪式旧址	109
江苏咨议局旧址	110
中国第二历史档案馆	112

国民政府考试院旧址   113

东南大学礼堂   114

南京大学北大楼   114

郊区景点

牛首山   118

阳山碑材   121

南唐二陵   122

汤山古猿人洞   123

江苏园博园   124

雨花石地质公园   126

珍珠泉   129

天生桥   130

东庐山观音寺   131

桂子山石柱林   132

黄龙岘茶文化村   133

固城湖水慢城   134

高淳老街   135

美食、特产、住宿

红公馆、南京三宝（云锦、金箔、雨花石）、特色酒店   138

国民大会堂旧址　国立美术陈列馆旧址　1912街区　总统府　六朝博物馆　中共代表团梅园新村纪念馆　毗卢寺

江宁织造博物馆　南京图书馆　中央饭店　江苏省美术馆　钟岚里

利济巷慰安所旧址陈列馆

传统打卡区

长江路历史文化街区

1800米,讲述1800年故事

一条长江路,半部南京史。漫步长江路,毗卢寺、六朝博物馆、总统府、南京图书馆、江宁织造博物馆、国民大会堂旧址、国立美术陈列馆旧址……从古到今,在历史长河往来穿梭,品味六朝、明、清、民国的千年遗韵。现在长江路不仅是南京的景观街道,还是南京的"文化一条街",在展现历史文化的同时,也充满着时代气息。

总统府

建筑群位于南京市长江路292号，地处六朝宫城遗址。明朝初年，这里是归德侯府和汉王府；清朝为江南总督署、两江总督署，也曾是江宁织造府的一部分。清康熙、乾隆皇帝下江南时，均以此为"行宫"。太平天国时期，洪秀全在此兴建了规模宏大的天朝宫殿。1871年，曾国藩又在此重建两江总督署。

1912年元旦，孙中山在此开创民国，其后这里先后作为江苏都督府、副总统府、五省联军总司令部等机构；1927年国民政府定都南京，这里成为国民政府办公地；10年后抗战全面爆发，国民政府迁都重庆，这里先后沦为日军机关和傀儡政权的办公处；抗战胜利后国民政府还都南京，这里再成为权力中枢；1948年5月，国民政府改称为总统府。

1949年4月23日南京解放，中国人民解放军占领总统府，宣告一个新时代的到来。新中国成立后，这里一直作为政府机关办公场所。2002年，按原貌复制的"总统府"三字挂上门楼。2003年3月，选址在总统府的南京中国近代史遗址博物馆扩建后全面开放。

"总统府"现已成为南京历史文化的地标，古都遗韵不但能在此寻觅，中国近代风云更是于此际会。走进总统府，仿佛置身于近代中国的时光隧道之中，踏寻名人的足迹，感触历史的印迹。

总统府建筑群，不仅是全国重点文物保护单位，也是国家4A级旅游景区。除门楼外，值得打卡的地方还有不少。

大堂内景

忘飞阁

不系舟

大堂

孙中山临时大总统办公室

子超楼

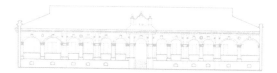

六朝博物馆

是目前中国展示六朝文物最全面的遗址博物馆，也是反映六朝文化最系统的专题博物馆。从负一层到三层分布3个常设展厅和1个临展厅。常设展览"六朝历史文明"基本陈列"六朝帝都""六朝风采""六朝人杰"三个篇章，阐述公元3至6世纪东方大都会主题。临时展览以围绕六朝文物、人物故事、书画传承、中外交流、城市考古新发现等为主。博物馆还创建有"探秘六朝""六朝科学堂""岁时有约""六朝茶礼"等社教品牌。

江宁织造博物馆

在清初江宁织造建筑群的部分旧址上建成。"江宁织造"是清代专门督办宫廷缎匹的官办机构。清初的江宁织造府曾是康熙和乾隆两代帝王南巡的行宫所在。曹氏家族先后有三代四人相继执掌江宁织造达58年之久。曹雪芹在此出生并度过了少年时光,后写下《红楼梦》。博物馆设置了"江宁织造""云锦天衣""红楼梦曲""中国旗袍"等常设展,讲述着"江宁织造的历史及职能"与"《红楼梦》文化"两大主题故事。

中共代表团梅园新村纪念馆

由中共代表团办事处旧址、国共南京谈判史料陈列馆、周恩来铜像、周恩来图书馆等组成。梅园新村17号、30号、35号是中国共产党代表团在1946年5月至1947年3月间与国民党政府进行和平谈判的机关驻地。30号、35号是当年代表团领导成员周恩来、董必武、李维汉、廖承志、邓颖超和南京局组织部部长钱瑛办公及居住处。17号是代表团办事机构驻地。

国立美术陈列馆旧址

位于长江路266号。始建于1935年,主楼建筑四层,两翼三层,左右对称,立面呈"山"字形。1956年在此筹建"江苏省美术陈列馆",1960年9月更名为"江苏省美术馆"。现为江苏省美术馆老馆。

国民大会堂旧址

位于长江路264号。始建于1935年11月,是民国时期全国规模最大、设施最为先进的大会堂。新中国成立后为人民大会堂,是江苏省和南京市召开重要会议、举行庆典活动和文艺演出的重要场所。

中央饭店

始建于1927年，1930年1月正式开业，为当时同行中的"巨擘"，许多名人常出入、下榻于此。现在的中央饭店，作为"中华老字号"、民国文化休闲旅游街区联盟成员单位、文保单位，不仅是南京核心商业区及中山东路上的一家民国主题文化的全服务型商务酒店，还是港、澳、台同胞和海外侨胞怀旧寻根的重要场所。具有独特历史文化属性的中央饭店，是一家识别度高、主题性强、体验感佳的民国文化主题酒店。

毗卢寺

始建于1522—1566年间，因庙中供养毗卢遮那佛，初名毗卢庵。民国时期，这里是全国佛教的中心，中国佛教会、中华佛学研究会、中国宗教联谊会、首都中医院皆设于此。毗卢寺乃"金光明道场"，秉金光明精神，庄严国土，弘宣圣教，于金陵佛都独具特色。毗卢寺对中国佛、医及文化有着不可估量的影响，是中国佛教从传统走向现代的标志性道场。

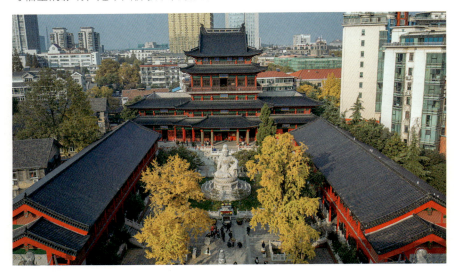

利济巷慰安所旧址陈列馆

是亚洲最大、保存最完整的慰安所旧址,也是为数不多的被在世"慰安妇"幸存者指认过的慰安所建筑,是侵华日军南京大屠杀遇难同胞纪念馆的分馆。陈列馆由8栋原名"普庆新村"的民国历史建筑建成。日军侵占南京后,将"普庆新村"改造为"东云慰安所"和"故乡楼慰安所"。

南京图书馆

位于中山东路189号。前身是1907年由清两江总督端方创办的江南图书馆,后为地址在成贤街的国立中央图书馆。新馆建筑造型的抽象化与书架上书籍的抽象性,体现着图书馆的功能与传播作用。藏书容量约1200万册,地下局部2层,地上9层。地下一层专门辟有六朝遗迹展示区,展示了六朝时期梁代建康城内皇城遗迹。根据宫城墙基的走向,现在长江路的大部分在宫城里面。

1912 街区

是南京地区以民国文化为建筑特点的商业建筑群，也是南京民国建筑和城市旧建筑保护与开发的成功案例。街区得名于1912年1月1日孙中山先生于南京就任中华民国临时大总统，是中国千年帝制终结、清王朝覆亡，挽救民族危亡之际。街区以其历史底蕴和怀旧情怀，成为承载时尚消费的独特背景。

打卡处

传统打卡区

钟山风景名胜区

近悦远来　极美钟山　千年文脉　诗意盎然

钟山风景名胜区位于南京市城东的钟山（紫金山）区域，其历史可以追溯至中国的东晋时期。景区主要由中山陵、明孝陵和灵谷三大核心景区以及美龄宫等景点组成。风景区名胜古迹众多，历史文化深厚，生态体系完整，是融生态、文化、体育、休闲娱乐为一体的综合性风景名胜区，是首批国家5A级旅游景区之一。

中山陵 是中国近代伟大的民主革命先驱孙中山先生的陵寝及其附属纪念建筑群。中山陵前临平川,背拥青嶂,东毗灵谷寺,西邻明孝陵,整个建筑群依山势而建,由南往北沿中轴线逐渐升高,主要建筑有博爱坊、墓道、陵门、石阶、碑亭、祭堂和墓室等,排列在一条中轴线上,体现了中国传统建筑的风格,从空中往下看,像一座平卧在绿绒毯上的"自由钟"。中山陵及其附属纪念建筑群,融汇中国古代与西方建筑之精华,庄严简朴,别创新格,被誉为"中国近代建筑史上第一陵"。

中山陵各建筑在型体组合、色彩运用、材料表现和细部处理上均取得极好的效果。音乐台、光华亭、流徽榭、仰止亭、藏经楼、行健亭、永丰社、永慕庐、中山书院等建筑众星捧月般环绕在陵墓周围,构成中山陵景区的主要景观,色调和谐统一,更增强了庄严的气氛,既有深刻的含意,又有宏伟的气势,且均为建筑名家之杰作,有着极高的艺术价值。

1961年,中山陵被国务院公布为首批全国重点文物保护单位;2016年,入选首批"中国20世纪建筑遗产"名录。中山陵内打卡点很多,祭堂、墓室内禁止拍照。

博爱坊

音乐台

流徽榭

打卡处

传统打卡区 | 019

明孝陵

东毗中山陵，南临梅花山，是明太祖朱元璋与其皇后的合葬陵寝。因皇后马氏谥号"孝慈高皇后"，又因奉行孝治天下，故名"孝陵"。占地面积达170余万平方米，是中国规模最大的帝王陵寝之一。明孝陵始建于1381年，至1405年建成，承唐宋帝陵"依山为陵"旧制，又创方坟为圜丘新制。将人文与自然和谐统一，达到天人合一的完美高度，成为中国传统建筑艺术文化与环境美学相结合的优秀典范。陵区内的主体建筑和石刻包括下马坊、大金门、神功圣德碑、石象路、翁仲路石刻等，都是明代建筑遗存，保持了陵墓原有建筑的真实性和空间布局的完整性。

明孝陵作为中国明清皇陵之首，直接影响明清两代500余年20多座帝王陵寝的形制，北京等地的明清皇家陵寝，均按南京明孝陵的规制和模式营建。明孝陵在中国帝陵发展史上有着特殊的地位，故而有"明清皇家第一陵"的美誉。

1961年3月，明孝陵被国务院公布为首批全国重点文物保护单位；1982年，被列为国家重点风景名胜区；2003年7月，明孝陵及明功臣墓被列为世界文化遗产。

大明孝陵神功圣德碑

石象路

大红门

传统打卡区 | 021

梅花山

有"天下第一梅山"美誉,不但以品种奇特著称,还以得天独厚的自然和人文优势吸引越来越多的海内外游人,逐渐成为中国梅文化中心,已连续多年作为"南京国际梅花节"主会场。

南京植梅始于六朝时期,相沿不衰。1929年孙中山先生葬于南京中山陵后,在陵园范围内建设纪念性花木区,今梅花山一带被规划为蔷薇科花木区,栽培了大片梅花。后来梅园面积不断扩大,品种逐年增多,如今有近500个品种的近4万株梅树。

春天梅花盛开时,遍山梅花争芳斗艳,游人如织。山上"暗香阁",取自北宋诗人林逋的"疏影横斜水清浅,暗香浮动月黄昏"的咏梅诗句。此阁造型优美,独具特色,把梅花山点缀得更加多姿多彩。

博爱阁

传统打卡区

东吴大帝孙权纪念馆

位于梅花山东麓孙陵所在的寿星宫地块。孙权18岁掌握东吴政权后,建都秣陵并改名建业。孙权对南京城市的发展贡献很大,不但拓展面积,"东凭钟山,北倚后湖(玄武湖),南近秦淮,西临石头",还疏浚和拓宽了秦淮河,开凿了青溪、运渎和破岗渎等运河,同秦淮河沟通在一起,解决了南京的排水和用水问题。根据文献记载,孙权死后葬在朝阳门外第三个山岗,这个山岗因而被称为孙陵岗,也就是梅花山。孙陵岗葬有孙权和他的皇后步氏及潘氏,太子孙登也葬在孙陵附近。

纪念馆主体建筑是一座扇形的环抱式建筑,主馆前方是一个半开放式广场,东吴大帝孙权雕像立于广场的中心位置。整个纪念馆的建筑布局和形式,采用院落式组合方式和汉代—南朝江南民居的建筑风格,穿斗屋架,直坡屋面,屋脊起翘,黑色筒瓦,浅灰色外墙,外露框架饰以汉代通常使用的深栗褐色,突出了汉代建筑古朴雄浑的特点,体现出东吴建筑文化主题。

灵谷寺

前身开善寺始建于 515 年,后改为开善道场、宝公院、太平兴国寺、蒋山寺等名。1381 年,朱元璋下令迁址重建并定名为灵谷寺,初始占地面积达 500 亩。灵谷寺现有照壁、山门、前殿、大雄宝殿、观音阁、玄奘院等建筑,寺内供奉珍藏有玄奘法师的部分顶骨,是灵谷景区的核心景点。

灵谷寺西南的无梁殿是明代古灵谷寺仅存的一座建筑,因殿内供奉无量寿佛而得名"无量殿"。由于这座殿是砖石拱券结构,不用梁木,所以俗称"无梁殿"。清咸丰年间,灵谷寺内建筑大多毁于清军与太平军的战火,仅这座砖结构的无梁殿幸存。1931 年,国民政府将无梁殿改建为国民革命军阵亡将士公墓的祭堂,命名为"正气堂"。殿内四壁嵌有 110 块太湖青石碑,上刻北伐、抗战的国民革命军阵亡将士名单,共 33 224 人。

1982 年,古灵谷寺遗存的无梁殿被江苏省列为省级文物保护单位;1983 年 4 月 9 日,南京灵谷寺被国务院定为汉族地区佛教全国重点寺院。

无梁殿

灵谷塔

美龄宫

始建于 1931 年，原为国民政府主席的寓所，后改作中山陵谒陵的高级官员休息室。1946 年国民政府还都南京后，蒋介石与宋美龄常在此下榻礼拜、休息，故被称为"美龄宫"。蒋介石曾多次在此接待外国贵宾。

美龄宫又称国民政府主席官邸旧址，"小红山官邸"，有"远东第一别墅"的美誉。主体建筑是一座三层重檐山式宫殿式建筑，外形为明清官式做法，顶覆绿色琉璃瓦。汽车可直抵大门。地下一层有侍卫室、衣帽间、机要室、职员用房、厨房；一层有接待室、衣帽间、秘书办公室及卧室、厨房、配膳房、洗衣室、卫生间等；二层主要做会客室与休息室之用，设有大厅、客厅、大饭厅、配膳房、书房、秘书室等；三层为居住部分，内有女客厅、4 间大卧室及小餐厅、厨房等。

1991 年，美龄宫被国家建设部（现住房和城乡建设部）公布为中国近代优秀建筑；其修缮工程获得"第二届（2014 年度）全国十佳文物保护工程"。从空中俯瞰美龄宫，宛如一条钻石项链，有人以此想象是蒋介石浪漫地送给宋美龄的礼物，其实这只是巧合而已。

打卡处

紫金山天文台

前身是成立于1928年的国立中央研究院天文研究所。1934年建成紫金山天文台，是我国自己建立的第一个现代天文学研究机构，被誉为"中国现代天文学的摇篮"。2017年，紫金山天文台被国家旅游局、中国科学院推选为"首批中国十大科技旅游基地"。

天文台在建造时为突出"中国"特色，除了观测天空的屋子是圆顶，其余建筑均为中式。展示区内的圭表、浑仪、简仪、天球仪等古代天文装置，令人叹为观止。天文台附近的天堡城遗迹是领略南京山水城林之美的佳处。

航空烈士公墓

始建于1932年,在日军占领南京期间和十年动乱中遭到了严重破坏,现在的布局是20世纪80年代全面修缮后奠定雏形的。是抗日战争和世界反法西斯战争的纪念地。主体建筑包括牌坊、左右庑、"航空救国"碑亭、祭堂、东西功德碑亭、烈士衣冠冢等,中轴线最高处的广场上矗立着抗日航空烈士纪念碑和英烈碑。

中央体育场旧址

位于南京体育学院内。2006 年，中央体育场旧址被国务院列为全国重点文物保护单位。2017 年 12 月，入选第二批"中国 20 世纪建筑遗产"名单。

中央体育场始建于 1931 年，全部工程采用钢筋混凝土结构，同时采用中国传统纹样装饰，进出口、主看台都采用中国式牌楼建筑风格；是当时亚洲规模最大的运动场，包括田径场、国术场、篮球场、游泳池、棒球场及网球场、足球场、跑马场等，占地约 1000 亩，造价达 140 余万元，一次可接纳观众 6 万人，于 1933 年顺利承办第五届全国运动大会。

中山植物园

筹建于1929年,原名"总理陵园纪念植物园",是为纪念孙中山先生而建立的,是我国最早的植物园。植物园初期主要的工作是采集种苗,至1937年全面抗战爆发前,蔷薇花木、分类植物、松柏、竹林、药用植物等区已初具规模,明孝陵和梅花山在当时均包含在植物园内。

现在的中山植物园分南北两区,北区以保护、研究、利用中国中亚、北亚热带植物为重点,南区是以热带植物宫为中心的植物博览园。整个园区既有园林外貌,又有科学内涵,是国家级科普教育基地。

夫子庙秦淮风光带

十里秦淮千年流淌,古都金陵风采依然

说到夫子庙,就必须提到秦淮河。秦淮河是南京的"母亲河",全长约110公里,流经南京城又分流为内河与外河。外河成为明朝城墙的护城河,内河从东水关至西水关全长约ized公里,故又称"十里秦淮"。夫子庙与内秦淮河在此交汇、融合,两者紧密联系,形成以夫子庙为核心,以儒家思想、科举文化以及民俗文化为内涵的秦淮风光带。

风光带恢复了明末清初江南街市商肆风貌,以夫子庙为中心,包括东水关、白鹭洲、瞻园、中华门、西水关、明城墙(秦淮段)及外侧护城河和沿河楼阁等景观,集古迹、园林、画舫、街市、楼阁和民俗民风于一体,加上地方风味小吃等,使中外游客为之陶醉。

外地人到南京,一般都要到夫子庙去看看,似乎不到夫子庙,就没到过南京。对于身在外地的南京人来说,夫子庙则是浓浓的乡愁,牵扯着悠悠的思绪。在许多人眼里"夫子庙就是"老南京"的代名词,代表着"六朝古都"历史文脉。

夫子庙

有狭义和广义两个概念。狭义夫子庙,仅指祭祀孔夫子的孔庙,又称为文庙。广义夫子庙,则为以孔庙为核心的夫子庙景区,这个范围从六朝至明清时期,多为世家大族聚居之地,故有"六朝金粉地"之说,是中国最大的传统古街市。

天下文枢牌坊

棂星门

大成殿

孔庙

位于秦淮河北岸，为供奉祭祀孔子之地，是中国第一所国家最高学府、中国四大文庙之一，中国古代文化枢纽之地、金陵历史人文荟萃之地，不仅是明清时期南京的文教中心，同时也是居东南各省之冠的文教建筑群。

孔庙始建于337年，根据东晋王导提议，立太学于秦淮河南岸；1034年，北宋时移东晋学宫于秦淮河北，并在学宫之前建庙祭奉孔夫子；后几毁几建，南宋时称建康府学，元时改为集庆路学，明时改为国子学、应天府学，清初改为上元、江宁两县的县学，咸丰年间再次毁于兵火，1869年曾国藩重建。

南京孔庙形制规整，直至民国时期依然保存着同治年间所建规模，大成殿、魁星阁、得月台、思乐亭等主要建筑均在1937年日寇炮火中被焚毁，孔庙轴线建筑遭到严重破坏。

1988年，孔庙基本建筑修旧如故，再现当年风貌。建于1575年的照壁，全长约110米，高约10米，全用城砖砌成，壁面赭红，规模为全国照壁之冠。泮池北岸石栏则是1514年所建，迄今已有500多年历史，不知经过多少人的摩挲把玩，已是光滑莹亮。

聚星亭与魁星阁相应，象征文风昌盛；"天下文枢"牌坊四字乃集颜真卿手迹；棂星门由三座单间石牌坊组成，造型优美；大成门是孔庙的正门，门前石狮雄踞，门左右辟角门。

大成殿是夫子庙的主殿，殿前竖有孔子青铜塑像，殿内正中悬挂全国最大的孔子画像，两边立有孟轲、曾参、颜回、孔伋四亚圣汉白玉像。大成殿内四周是38幅反映孔子生平事迹的镶嵌壁画，称为"孔子圣迹图"，形神并具。

学宫大门与大成殿后门间开成院落，置有数块石碑。除《封四氏碑》《封至圣夫人碑》《集庆孔子庙碑》外，还有立于1886年的《筹措朝考盘费碑》，记载了李鸿章、左宗棠等人筹捐白银1万余两，作为江宁附属七县考生赴京会试公车经费的经过。另有一块《孔子问礼图碑》，是几经辗转才置于孔庙的。

学宫

位于孔庙之北,并与之连为一体,包括明德堂、尊经阁、青云楼、崇圣祠等古建筑。孔庙学宫是江苏省最高的学府,先属府学,后为县学,是当时的"名校"。王安石及民族英雄邓廷桢都在这里读过书。

学宫大门为"东南第一学"门坊,五字系清代状元秦大士所题。门内悬有"大明国子学"匾额。门内院落东、西两边分别为"习礼""仰圣"两亭,其内分别置有青铜"礼运钟"和"圣音鼓";东、西两边分置"诲人不倦""学而不厌"石碑。

明德堂是学宫的主体建筑,学名由文天祥书写。明德堂前东、西两边分立朱元璋所立的"明代学宫碑"和清顺治帝所立的"清代学宫碑",两碑又称"学宫条规",分别立于1369年和1652年,内容类似现在的大中学校学生守则。明德堂后的尊经阁及卫山成为游客们顿足休憩的好去处。

卫山原来较现在要大许多,明朝中期平卫山后建尊经阁,以做教谕讲课之所,后此阁几毁几建。卫山高处的敬一亭,单层单檐六角,"敬一"表示对孔子儒学的崇敬之意。卫山下有依据宋拓本重刻的"天发神谶碑",但复刻石碑较原碑已失神韵。

孔庙、学宫连为一体,已成为富有明清建筑风格的夫子庙秦淮风光带上的重要景点。它以大成殿为中心,从照壁至卫山南北成一条中轴线,左右建筑对称配列,四周围以高墙,配以门坊、角楼。两边的东、西市场,主要提供南京地方特色工艺商品。

文德桥

始建于 1585 年,几经翻建,石木互易,历代均有修葺,终成为石墩水泥桥。"文德"二字取自儒家思想"文章道德天下第一",即文德以昭天下之意。夫子庙的秦淮河北岸是科举重地,对岸则是名冠江南的酒肆妓馆场所。南京民间故有"君子不过文德桥"之说,但现在此说无法阻止人们的参观热情。

文德桥不仅是连通秦淮两岸的要道,也是百姓观景的佳处。每年农历十一月十五日的深夜子时,天上月圆,在文德桥的东西两侧却只有半边月亮的倒影,此景称为"文德分月"。

文德桥是赏月、观龙舟的佳处,往往人满为患,明清时多次发生桥栏塌陷事故,因此产生"文德桥的栏杆——靠不住"的歇后语。文德桥栏杆现为汉白玉砌筑,十分"靠得住"。站在文德桥上东眺桃叶渡,西望武定桥,景色绝佳,许多摄影佳作都出自这里。

中国科举博物馆

由江南贡院改扩建而成。江南贡院是中国古代最大的科举考场,鼎盛期可接纳2万多名考生同时考试,其规模之大、占地之广居中国各省贡院之冠,创中国古代科举考场之最。博物馆东至平江府路,南至贡院街,西至金陵西路,北至建康路。

中国科举博物馆是集中国科举制度中心、中国科举文化中心和中国科举文物收藏中心于一体的专业博物馆。博物馆地下有三层,地面上有明远楼、至公堂、号舍、碑刻等,含11个展厅,是中国唯一一家地下式博物馆。

博物馆包含主馆、江南贡院南苑以及明远楼遗址区三大区域。主馆是科举文化展示、体验的集中区;江南贡院南苑是科举博物馆主体的配套区域;明远楼遗址区主要是明远楼、至公堂、历代碑刻及部分号舍。博物馆主体两侧还建设有秦淮礼物店、游客服务中心等配套设施。

标志性建筑明远楼是贡院的中心建筑,也是最高建筑,站在楼上可以一览贡院全景,可以监视应试士子及院落内执役员工有无传递等作弊行为,也是发号施令的场所。

从贡院落成到晚清废除科举,江南贡院为国家输送了800余名状元、约10万名进士、上百万名举人,明清时期全国半数以上官员都出自江南贡院。清代科考共举行112科,其中在江南贡院乡试中举后经殿试考中状元者,江苏籍49名、安徽籍9名,共计58名,占全国状元总数的51.78%。由此可见,江南贡院是状元高产之地!

明远楼

传统打卡区

秦淮画舫

如果说夫子庙是幅美丽画卷，秦淮河则是串起众多景点的水链，坐在秦淮画舫内，荡漾在秦淮河上，观赏着两岸美景，何等悠哉。

据说，朱元璋有次到夫子庙微服出访，看到秦淮河两岸亭台楼阁，风景怡人，说了句："惜河中缺少游艇。"拍马屁者旋即赶造画舫。朱元璋下令在河上燃放水灯万盏，发动贵戚功臣和官绅商民坐灯船观赏。其后，画舫数量逐渐增多，成为秦淮一景。

秦淮画舫几度兴衰。夏季的夜晚，泛舟秦淮河，凉风习习，别有情趣。华灯初上，游客从泮池上船，船上摆放有桌椅，桌上放有香茗、干果、小吃等，船菜随之产生。

朱自清与俞平伯两人同游秦淮河，分别写下了名为《桨声灯影里的秦淮河》的两篇风格不同的散文，广为流传，成为现代文学史上的一段佳话。历来描绘秦淮灯船的文字有不少，《秦淮灯船曲》中有云："遥指钟山树色开，六朝芳草向琼台。一围灯火从天降，万片珊瑚驾海来。"秦淮画舫是南京地方的一道风景。

现在，从泮池的码头坐上"秦淮画舫"，游历在东起桃叶渡、西抵中华门的秦淮河中，除孔庙、江南贡院、白鹭洲公园、桃叶渡以外，还能领略东水关、萃苑长廊、武定桥、中华门城堡等多处景点，不但将沿河美景尽收眼底，还能观赏到岸上难以看到的景观。

乌衣巷

是中国历史最悠久最著名的古巷,当时中国世家大族居住之地,三国时是吴国戍守石头城部队的营房所在地。

乌衣巷是晋代王谢两家豪门大族的宅第,两族子弟都喜欢穿乌衣以显身份尊贵,因此得名。乌衣巷门庭若市,冠盖云集,走出了王羲之、王献之及山水诗派鼻祖谢灵运等文化巨匠。乌衣巷见证了王谢两大家族的艺术成就,与两大家族的历史乃至整个中国文化的历史紧密相连。

"朱雀桥边野草花,乌衣巷口夕阳斜。旧时王谢堂前燕,飞入寻常百姓家。"刘禹锡脍炙人口的《乌衣巷》采用以小见大的艺术手法,表达了沧海桑田的巨变,语言含蓄,耐人寻味。

如今的乌衣巷已不复昔日的繁华,重建的王导谢安纪念馆,等待着游人探访豪门士族的华堂踪迹。

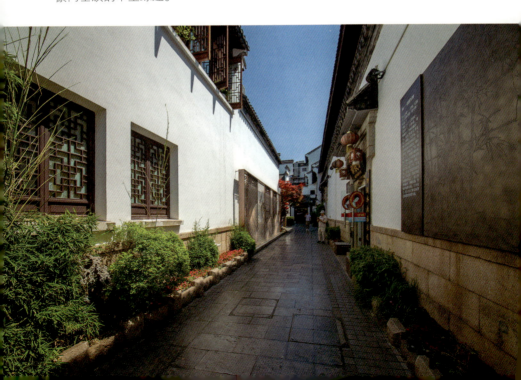

王导谢安纪念馆

是展现东晋时期两位名相王导、谢安家族生活场景的仿古建筑群，坐落在乌衣巷内。主体建筑为来燕堂和听筝堂，另附有王谢家族陈列、六朝历史和文化艺术陈列、淝水之战半景画室、东晋起居陈列室、六朝书画雕塑厅等。游客在游览之余，可了解古都南京在六朝时期的历史概况，缅想当年杰出人物在政治、军事、文化等领域中所创造的业绩和成就。

瞻园

原为明中山王徐达府邸，嘉靖初年始筑园，时人誉居"金陵诸园之冠"。入清，改做江南行省左布政使衙署，后历经增筑，乾隆南巡时慕名憩跸此园并御题"瞻园"匾额。1853年3月太平天国定都南京，瞻园先后做过东王府、夏官副丞相衙署及幼西王府。民国年间，这里又成为江苏省长公署、内政部等机构驻地。

1958年春，太平天国历史博物馆迁入瞻园，保护名胜、起废兴坠。南园以山为主，各具风姿，构成了瞻园的主景。静妙堂、一览阁、延晖亭、籁爽风清堂、花篮厅、扇亭、观鱼亭等建筑以曲廊连接，层次渐进，错落有致。北园则以水为主。碧荷池水体向东延伸至佛掌峰脚下，隐入山体内，环碧山房、逐月楼、船舫、临风轩、春波亭等建筑环池分布，并在周边设置若干小庭院。整座园林既有人文景观，又有自然景观，不愧为"金陵第一园"。

现在的瞻园，叠山理水、亭台楼阁、碑廊奇石、楹联景额，美不胜收，意味深长。1987年版《红楼梦》、赵雅芝版《新白娘子传奇》中的白府等均在瞻园取景。"夜瞻园"开放后，为夫子庙夜景锦上添花、再增色彩。到此参观游览，不但可以流连山水，还能感受历史风云的潮起潮落。

传统打卡区

李香君故居

又称媚香楼,坐落在夫子庙来燕桥南端,背依秦淮河,是一座典型的清代河厅河房建筑。前厅古朴典雅,后院河厅色调明快又不失古风。河厅内设有船坞,直通秦淮河。河厅有栏杆,可凭栏远眺秦淮风光。

明清以来,秦淮河畔的名媛声妓可谓比比皆是,尤以"秦淮八艳"名气最大,她们均为卓尔不群的才貌双全女子,爱憎分明,敢作敢为,颇有民族气节。其中更以李香君最具胆识,卓荦不凡。全院尽现书法、绘画、楹联、篆刻、假山、塑像和园林小景、石刻砖雕、壁画挂灯等艺术精品,再现了李香君当时生活的场景。

老门东

因位于中华门以东而得名，北起长乐路，南抵明城墙，西沿内秦淮河，东接江宁路，与夫子庙一街之隔，步行只需几分钟。门东地区自古商贾云集、人文荟萃，剪子巷、箍桶巷、三条营、中营、边营、张家衙、五板桥、新民坊等老街小巷古色古香，散发着浓浓的"老南京"味。许多夫子庙的老字号也都搬到老门东老店新开。

老门东历史底蕴深厚，骏惠书屋、上江考棚、蒋百万故居、傅善祥故居、王伯沆故居、周处读书台、芥子园文化展馆等遗迹旧址，有的保存完好，有的正在复建。现在的老门东，已与夫子庙连为一体，打卡点越来越多！

白鹭洲公园

明代曾为开国功臣徐达的私家花园，历代园主常与文人雅士于此品酒吟诗。园内相继构筑烟雨轩、藕香居、沽酒轩、话雨亭、绿云斋、吟风阁等景点，以"春水垂杨""辛夷挺秀""红杏试雨""夭桃吐艳"春日四景著称。现有白鹭塔、白鹭岛、鹫峰寺、心远楼、烟雨轩、壹鉴堂、水街等景点。白鹭洲公园还以"桥"闻名，有长桥、浣花桥、玩月桥等等，二水桥将水面一分为二，正应和了李白"二水中分白鹭洲"之意。

吴敬梓故居

位于青溪与秦淮河交界处,毗邻古桃叶渡,名为秦淮水亭。陈列馆分南、北两部分。南半部分为古桃叶渡遗址;北半部分为吴敬梓故居,陈列着各种版本的《儒林外史》著作,反映了吴敬梓一生中具有代表性的生活片段。

桃叶渡

是秦淮河与古青溪水道合流处西北的渡口,原名南浦渡,后因东晋书法家王献之曾在此迎接过爱妾并著有《桃叶歌》而改名。千百年来,历代文人雅士多在此吟诗赋词、幽思怀古,留下了许多优美的诗句和生动的民间传说。

经典打卡点

南京博物院

前身是1933年创建的国立中央博物院。现为历史馆、特展馆、数字馆、艺术馆、非遗馆、民国馆"一院六馆"格局,设考古、文物保护、古代建筑、陈列艺术、非遗保护、古代艺术6个研究所,及民族民俗学研究机构等。

南京博物院现拥有各类藏品43万余件(套),上至旧石器时代,下迄当代,既有全国性的,又有江苏地域性的;既有宫廷传世品,又有考古发掘品,还有一部分来源于社会征集及捐赠,均为历朝历代的珍品佳作,可以说是一座巨大的中华民族文化艺术宝库。青铜、玉石、陶瓷、金银器皿、竹木牙角、漆器、丝织刺绣、书画、印玺、碑刻造像等文物品类一应俱有,每一品种又自成历史系列,成为数千年中华文明历史发展最为直接的见证。其中,新石器时代"玉串饰",战国"错金银重烙铜壶""郢爰",西汉"金兽",东汉"广陵王玺""错银铜牛灯""鎏金镶嵌神兽铜砚盒",西晋"青瓷神兽尊",南朝"竹林七贤与荣启期"模印砖画,明代"釉里红岁寒三友纹梅瓶"等为国宝级文物。此外,"扬州八怪"、"吴门画派"、"金陵画派"、傅抱石、陈之佛等大家的书画藏品成组成系,别具特色。

经典打卡点 | 063

打卡处

打卡处

侵华日军南京大屠杀遇难同胞纪念馆

坐落于南京大屠杀江东门集体屠杀及"万人坑"遗址之上,是全面记录侵华日军制造的南京大屠杀暴行的专史型纪念馆,也是中国首批国家一级博物馆、全国首批爱国主义教育示范基地、全国重点文物保护单位、首批国家级抗战纪念设施和遗址。自 2014 年起,南京大屠杀死难者国家公祭仪式的举办地固定设在纪念馆。2015 年 10 月,《南京大屠杀档案》被联合国教科文组织列入"世界记忆名录"。纪念馆占地面积约 10.3 万平方米,建筑面积 5.7 万平方米,展陈面积达 2 万平方米,馆藏文物史料 19 万余件。只有铭记南京大屠杀的历史,才能珍视和捍卫来之不易的和平。

雨花台烈士纪念馆

位于雨花台烈士陵园南端的任家山上,是一座既有传统民族风格且具现代气息的优美建筑。纪念馆由邓小平同志题名,檐下正中还雕着象征烈士英灵永存的"日月同辉"图案。

纪念馆内设 10 个展厅,其中 9 个用于陈列展览革命烈士的事迹,宽敞明亮的展厅内以中国共产党发展的四个历史时期为主线,串联各时期重要事件,以烈士牺牲时间先后为顺序,现陈列了 179 位牺牲在雨花台及南京地区的革命烈士的文物史料。

纪念馆附近的纪念碑和烈士群雕,都是我们凭吊先烈、接受革命教育的场所。

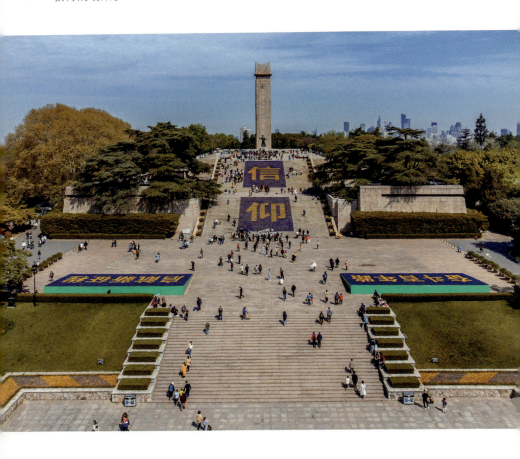

挹江门

南京明城墙

整体包括明朝时期修筑的宫城、皇城、京城和外郭四重城墙，现多指保存完好的京城（内城）城墙。南京明城墙始建于1366年，动用全国162个州县20余万民工，历时28年建成，烧造城砖共约3.5亿块。明城墙是南京城的重要文化标识。

明城墙根据南京山脉、水系的走向筑城营造，得山川之利，控江湖之势，形成由内向外"南斗北斗"的环套格局。其中京城城墙蜿蜒盘桓约35.27公里，不仅是中国现存第一大古城垣，还是世界第一大古城垣，京城之外的外郭城墙更是超过60公里。

中华门瓮城是明代南京城的正南门，明代称为聚宝门，是国内现存规模最大、结构最复杂的内瓮城。中华门东的南京城墙博物馆，是中国规模最大的城墙专题博物馆。

东水关是南京明城墙的两座明代京城水关之一，与西水关相对，是秦淮河流入南京城的入口，是古代南京保存至今的最大的一座水关。东水关旧称上水门，始建于杨吴筑城时期，明朝修建明城墙时在此基础上扩建。东水关将水关建筑与城墙建筑融为一体，在中国建筑史上鲜为一见，堪称一绝。

石头城遗址位于现清凉山西，公元212年，因孙权在石头山金陵邑原址筑城而名。此处城墙中部有一块凸出墙体的椭圆形石壁，远看隐约可见耳目口鼻，酷似一副鬼脸，因此被称为"鬼脸"；"鬼脸"下水塘如镜，犹如"鬼脸照镜"，石头城故又名"鬼脸城"。

台城是从解放门向西延伸出的一段明城墙。朱元璋筑应天府城时，原计划将这段城墙向西修至鼓楼岗并与石头城相接，后遭废弃，而被讹传为六朝建康宫台城。

明城墙博物馆

"鬼脸照镜"

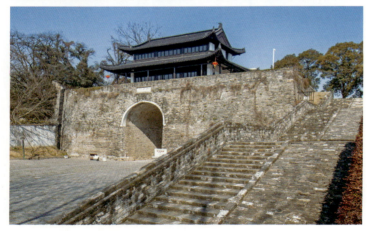

神策门

打卡处

玄武湖公园

是南京六朝时期的皇家园林湖泊,皇家操练水军的演兵场,也是南京明代时期保存黄册的国家档案馆,被誉为"金陵明珠"。玄武湖公园是在玄武湖的基础上建成的城市景区公园,由梁洲、环洲、菱洲、翠洲、樱洲、情侣园、环湖路区域构成。玄武湖公园的十里长堤是南京最美城市天际线和晚霞的观赏点。另有玄武门、武庙闸、后湖印月等打卡景点。

大报恩寺遗址

是全国重大考古新发现和重大考古遗址，遗址内出土长干寺地宫七宝阿育王塔以及琉璃宝塔构件等各类文物，是中国及南京地区社会发展史、传统文化史、建筑科技史等的重大见证和珍贵遗产，具有重大的历史、艺术、科技和文化价值。

南京大报恩寺遗址博物馆是历史和艺术类博物馆，也是以大报恩寺遗址为核心价值的考古遗址景区。博物馆内有三大常设主题展区，另建设有画廊、临时展厅、剧场等博物馆展陈与综合服务体系。博物馆从"传统文化""报恩文化""考古文化""礼仪文化"入手，打造了一系列社教课程，获得了多项省市级荣誉，得到了老师、家长和学生的一致好评。

南京长江大桥

是我国在长江上自行设计和建造的第一座双层式铁路、公路两用桥梁，在中国桥梁史和世界桥梁史上具有重要意义，是中国经济建设的重要成就、中国桥梁建设的重要里程碑，具有极大的经济意义、政治意义和战略意义，有"争气桥"之称。它不仅是新中国技术成就与现代化的象征，更承载了中国几代人的特殊情感与记忆。

长江大桥是南京的标志性建筑、江苏的文化符号、中国的辉煌，也是著名景点，2014年7月入选不可移动文物。

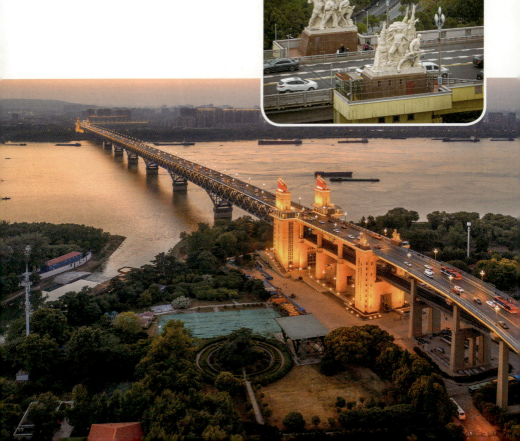

新街口

是中国著名的商业中心,拥有百年历史,被誉为"中华第一商圈",以新街口广场(孙中山铜像)为标志。20世纪40年代,众多银行聚集于此,这里成为中国的"华尔街",饭馆、酒店林立,商场、商店云集,《中央日报》《新民报》等报馆,以及大华大戏院、新都大戏院、世界大戏院、中央大舞台等娱乐场所也汇聚于此,至今仍有多幢民国建筑保存完好。

现在的新街口,大小商家星罗棋布,高中低档全面覆盖,为中国商贸密集度最高的地区之一,营业额长期居中国各商业街区前列,金陵饭店、商茂世纪广场、德基广场等一批建成时就闻名全国的现代建筑更是交相辉映,展现出南京的现代魅力。

阅江楼

始建于1374年,明太祖朱元璋欲修未成,仅建有阅江楼地基后停工;因明初文学家宋濂所撰《阅江楼记》而闻名。1999年2月续建;2001年正式竣工。

阅江楼隐喻阅江览胜之意,主楼通高52米,外观4层、暗有3层,共7层,碧瓦朱楹、彤扉彩盈,具有鲜明的古典皇家气派,为典型的明代皇家建筑风格,与湖北武汉黄鹤楼、江西南昌滕王阁、湖南岳阳岳阳楼,并称江南四大名楼。

打卡处

天妃宫

是明成祖朱棣为感谢天妃娘娘妈祖等诸神护佑郑和航海平安而敕建的,与静海寺相邻,是中国海上丝绸之路以及郑和下西洋的重要历史遗存。

天妃宫始建于1407年,史称龙江天妃宫。郑和首次下西洋回国后,以海上平安为天妃神灵感应所致,奏请朝廷赐建。天妃宫屡遭战火,多次修葺。每年妈祖诞辰之日,南京民众便前往天妃宫赶庙会,该习俗一直延续。

全世界共有妈祖庙5000多座,分布在中国、日本、新加坡、美国、朝鲜、菲律宾、越南等20多个国家和地区。可以说有华人的地方,就有妈祖庙。

静海寺

位于仪凤门外，北倚狮子山，东接天妃宫，西临护城河，是明成祖朱棣为褒奖郑和航海的功德下令敕建的皇家寺院，是中国海上丝绸之路以及郑和下西洋的重要历史遗存。

静海寺名取"四海平静，天下太平"之意，明清时规模宏大，号称"金陵律寺之冠"。静海寺是中英《南京条约》议约地，见证了中华民族遭受耻辱和中国近代史的开端。

静海寺屡遭战火，历代均有修葺，现扩建为静海寺纪念馆。寺内"警世钟"两侧铭文记述了从《南京条约》被胁迫签订到香港回归祖国这段沧桑历史，警示着后人为中华民族复兴而奋斗！

经典打卡点

颐和路公馆区

以宁海路环岛为中心，宁海路、颐和路、牯岭路、莫干路、江苏路、北京西路呈放射状分布；有200多座民国政府要员的宅第公馆，是中国拥有民国公馆最多的地区，也是南京民国建筑特色景点之一、南京重要近代建筑群，被誉为"民国建筑博物馆"。

其中第十二片区（即颐和公馆）作为颐和路公馆区的改造范本，由26幢风格各异的民国时期别墅组成，并于2014年荣膺联合国教科文组织亚太地区文化遗产保护荣誉奖。2015年4月，南京市颐和路历史文化街区成为首批中国历史文化街区。

渡江胜利纪念馆

是全国首批红色旅游经典景区，江苏省爱国主义教育基地、江苏省党性教育示范基地、江苏省党史教育基地、江苏省全民国防教育基地，南京市青少年思想教育基地。

渡江胜利纪念馆主馆区呈"木船"形状，寓意"驶向胜利之船"。下沉式广场停放的国家一级文物"京电号"小火轮，是渡江战役胜利暨南京解放的重要见证。渡江胜利广场上矗立着大型群雕"千帆竞渡"，共分6组，呈红色直线柱体形式，截面为红色五角星，其中最高的一根红色立柱高49.423米，象征着1949年4月23日南京解放。

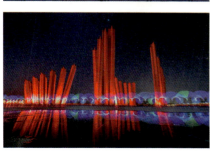

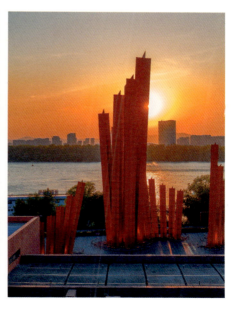

打卡处

打卡处

红山森林动物园

集野生动物保护、动物科普教育、科学技术研究及文化娱乐休闲四大职能于一体,同时也是中国野生动物保护科普教育基地、江苏省野生动物救护中心。

南京红山森林动物园前身是1928年在玄武湖上设立的动物苑,是中国成立最早的动物园之一。园区现总面积68.4万平方米,绿化覆盖率达85%,展示着世界各地珍稀动物260余种4000余只。以独特的森林景观、丰富的动物资源、多彩的主题活动成为国内最具特色的动物园之一。

鸡鸣寺

历史可追溯至东吴的栖玄寺，寺址为三国时吴国后苑之地；后经西晋、东晋、南梁，从此真正成为佛教圣地，天竺高僧菩提达摩曾居于此；南唐时易名净居寺，后改圆寂寺；宋朝时改为法宝寺。

1387年，明太祖朱元璋下令重建寺院，扩大规模，并御题"鸡鸣寺"，后经不断扩建，院落规模宏大，占地达千余亩，殿堂楼阁、台舍房宇达30余座；清朝咸丰年间毁于战火，同治年间重修；1983年起依明清时规模形制复建，并逐步对外开放。

鸡鸣寺是南京最古老的梵刹和皇家寺庙之一，香火一直旺盛不衰，自古有"南朝第一寺"、"南朝四百八十寺"之首的美誉。鸡鸣寺路初春时樱花绽放，是著名赏花打卡点。

浦口火车站

始建于1908年,是连接平津冀鲁豫皖等11省的重要交通枢纽。随着南京长江大桥通车而停办客运,后恢复部分客运,并更名为"南京北站",站场货运业务不断扩大,站场规模不断扩建。2004年,停办客运。

浦口火车站不仅因朱自清的《背影》而闻名,而且还以其原汁原味的英式建筑及周边场景,成为影视拍摄地和热门打卡地,被列为中国最文艺的九个火车站之一。

鼓楼

位于明城墙内中央的鼓楼岗上，始建于1382年，是旧时南京城的报时中心，也是催促文武百官勤于政务，提醒百姓辛于劳作，京师举行迎王、接诏书、选妃等重大庆典的重要建筑，是明朝京师的重要建筑和象征，也是中国古代官式砖构建筑的代表。

南京鼓楼与南京钟楼相对，明朝时期规模宏大、规格极高，城楼后因遭战火而被毁；清朝时期鼓楼仅剩下城阙，康熙南巡时曾登临四望，竖碑建楼，更名"碑楼"，并保存至今。1923年被辟为南京鼓楼公园。1928年，5条主干道在此交会，形成环岛交通枢纽。

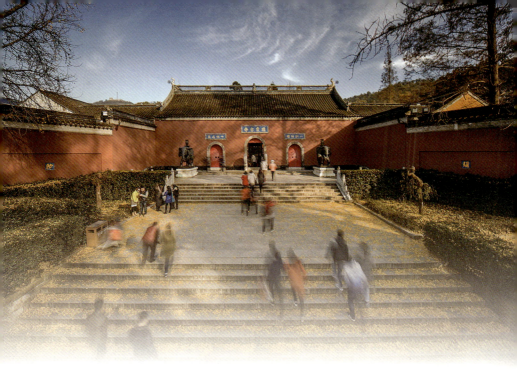

栖霞山

又名摄山，素有"六朝胜迹"之称，历史上曾有五王十四帝登临栖霞山，有"一座栖霞山，半部金陵史"的美誉。栖霞山天然植物资源丰富，植被覆盖率将近95%，被誉为"金陵第一明秀山"。栖霞山拥有中国佛教"四大禅林"之一的南朝古寺"栖霞寺"在内的历史古迹遗址80多处，还拥有15个地质遗迹类资源，是荟萃了宗教文化、帝王文化、绿色文化、民俗文化、地质文化、石刻文化、茶文化的一座山脉。

每逢深秋，层林尽染，栖霞山的红枫吸引着众多游人前来打卡。

幕燕滨江风貌区

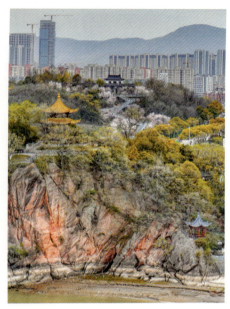

岸线长约 6 公里。樱花观赏区西起五马渡广场，东至燕子矶广场，北至长江，南至幕府山下，全长约 3.5 公里，40 多个品种约 5000 株樱花错落镶嵌在长江岸线，堪称南京最长"樱花大道"，也是目前国内唯一的"江景樱花"。

　　风貌区内有达摩古洞、观音阁、头台洞、二台洞、三台洞、情缘广场、燕子矶公园、幕燕飞行营地等景点，还可在五马渡登上"长江传奇"游轮，领略南京山水风光、六朝古都的新风貌，古今特色兼具。若是幸运，还能看见江豚！

朝天宫

得名于明代,由明太祖朱元璋赐名,是皇室贵族焚香祈福的道场和节庆前文武百官演习朝拜天子礼仪的场所,与神乐观同为明朝最高等级的皇家道观,是江南地区现存等级最高、规模最大、保存最为完整的明清官式古建筑群落,素有"金陵第一胜迹"之美誉。

朝天宫中为文庙,东为府学,西为卞壶祠。文庙正南有"万仞宫墙"照壁围绕,宫墙内为泮池,东西两侧各有砖砌牌坊,正面为棂星门,门内两厢东为文吏斋、司神库,西为武官斋、司牲亭等。过棂星门向北依次为大成门、大成殿、崇圣殿、敬一亭。大成殿东西两庑各12间。敬一亭东有飞云阁、飞霞阁、御碑亭等。朝天宫现存建筑为清代所建的"江宁府学",也是南京市博物馆所在地。

愚园

为晚清时期享誉两江的私家园墅之一，因园主为胡恩燮，故又称胡家花园。愚园由内园和外园两部分组成。外园以山丘、愚湖为主，内园以假山、厅堂等建筑为主。

愚园分布有李鸿章、曾国荃、张之洞等文人名士雅集的铭泽堂，胡恩燮奉养母亲报答养育之恩的春晖堂等，还有以山石之玲珑精巧、垒石状若狮子而知名的内园假山等景观。整个园林以水石取胜，有"城中佳胜眼为疲，聊觉愚园水石奇"之说。

修复后的愚园保持院内原有结构布局、历史风貌、空间尺度，成为南京的重要景点。

明故宫遗址

位于中山东路311-3号。明故宫又称南京故宫，是明朝京师应天府（南京）的皇宫，是中世纪世界上规模最大的宫殿建筑群，被称为"世界第一宫殿"。明故宫作为中国宫殿建筑的集大成者，是遵循礼制秩序的典范，其建筑形制为北京故宫所继承，是北京故宫的蓝本、明清官式建筑的母本。

明故宫始建于1366年，26年后基本完工，开创了皇宫自南而北中轴线与全城轴线重合的模式。这种宫、城轴线合一的模式，既是南京特殊的地理条件使然，也是遵循礼制、呼应天象、顺应自然建设的杰作。其整体布局、建筑形制都成为后来明中都和北京城的设计蓝本，并深远地影响了东亚地区。

如今遗址公园内仅保留有部分台基、石刻等遗迹，诉说着昔日皇宫的辉煌，我们在此可感触到古都的历史沧桑。

莫愁湖

是由长江、秦淮河在金陵城西长期冲积而成的城市水体,古称"横塘",又因其依傍石头城,故又称石城湖,后为纪念莫愁女而更名。明清时期,莫愁湖区域先后为朱元璋宫苑、中山王徐达私家花园、乾隆帝驻跸之地,几度毁建。1871年,曾国藩修复湖心亭、胜棋楼、郁金堂、赏荷亭、光华亭等,并广植花柳及莲荷。1928年,莫愁湖被辟为公园。

现在的莫愁湖公园,湖光山色与诗情画意交相辉映,不愧为"金陵第一名湖"。

清凉山

是南京城西的丘陵山岗，山势椭圆，蜿蜒伸展于汉中门至定淮门一带。山高 100 多米，方圆约 4 公里，建有清凉山公园。石头城跨虎踞路与之分割而呼应，一雄浑壮阔，一宁静深沉，互为映衬。

清凉山有"六朝胜迹"之称，园内众多的名胜古迹和历史文化遗址，形成了深厚的历史文化底蕴。诸葛亮曾称金陵形势为"虎踞龙蟠"，虎踞就指今清凉山。战国时楚威王于此置金陵邑，山存有城，名石城山。三国时，东吴改筑石头城，亦名石头山。南唐时曾建避暑宫于山上，是南唐帝王避暑行宫的所在地。北宋时更名为清凉山，沿用至今。

山上有清凉寺、扫叶楼、还阳井、崇正书院、翠微亭、驻马坡等古迹。清凉山通道连接清凉山与国防园山体，石头城和清凉山连接起来，成为南京城西一个完整的旅游景点。

甘熙宅第

又称甘熙故居、甘家大院,始建于清朝嘉庆年间(1796—1820年),俗称"九十九间半",是中国大中城市中现存规模较大、形制较完整的古民居建筑群。

金陵甘氏是江南望族,甘熙是清代南京著名文人和方志学家。甘熙宅第为甘熙之父甘福修建,由毗邻的四组多进穿堂式建筑群构成。整个建筑群占地面积9500多平方米,建筑面积5400多平方米。宅第建筑群中建筑多为坐南朝北。甘熙宅第的建筑特色南北交融,既有"青砖小瓦马头墙,回廊挂落花格窗"的江南民居的娟秀雅致,又有北方"跑马楼"的浑厚大气。甘熙宅第具有极高的历史、科学和旅游价值,是南京城市中现存面积最大、保存最完整的清代民居建筑群。南京市民俗博物馆选址于此。

浡泥国王墓

是 15 世纪初浡泥（今文莱）国王麻那惹加那乃的墓，是中国现存仅有的两处国外帝王墓之一。浡泥国王墓是中国与文莱友好交往的历史见证，具有重要的历史价值。

古浡泥国自北宋开始就与中国有着友好交往的历史，明永乐六年（1408 年）浡泥国王携王室、陪臣共计 150 多人，来中国进行友好访问，同年 10 月病故于南京城。明成祖朱棣遵其"希望体魄托葬中华"的遗愿，以礼葬王侯的仪式将其埋葬，谥号"恭顺"，建祠祭祀，并使其以西南夷人身份入籍中国坟户，世代为之守墓。

因时代变迁、历史战乱，浡泥国王墓一度湮灭，渺不可寻达百余年。1958 年墓被发现后，政府不仅按照史书中的记载恢复了原有规制，还添置了一组具有伊斯兰特色风貌的庭院建筑——中国-文莱友谊馆。由此，浡泥国王墓所在地成为南京一道亮丽风景，成为两国友谊的见证。

"南京眼"步行桥

河西滨江风光带

分为万景园段、绿博园段、国际青年文化公园段、鱼嘴鱼背湿地公园段等 4 个区域。沿线景区设计时，充分体现了动与静的组合、历史与现代的组合、生态自然与艺术的组合等，既考虑了形象，又注重了功能。根据各段地域环境，或被建成水资源主题公园，或被建成自然生态绿地，或被打造成休闲广场，历史文化有机融入其中，共同构成了"以滨江风貌为特色的带状开放式生态休闲空间"，使市民和游客可自由"切换"景点，在深度融入中得以尽情享受大自然。江苏大剧院、奥体中心、南京眼步行桥等现代建筑交相辉映，人们在此可眺望江心洲、江北灯火。这些都彰显了南京现代都市魅力！

先锋书店

于1996年创立,探索出了一条以"学术、文化沙龙、咖啡、艺术画廊、电影、音乐、创意、生活、时尚"为主题的文化创意品牌书店经营模式,搭建了一座可供开放、探讨、分享的公共性平台。其阅读空间体现了人文之关怀,吸引了众多国内外读者聚集于此。是南京重要的文化地标和文化名片,被誉为"中国最美的书店"。

先锋书店五台山总店不仅风景独特,其江苏路颐和书馆、总统府文史书店、老门东骏惠书屋等多个分店也各有特色。

先锋书店园博园筒仓书店

先锋书店五台山总店

先锋书店玄武湖店

先锋书店总统府文史书店

先锋书店骏惠书屋

先锋汤山矿坑书店

经典打卡点 | 105

未开放景点

由于多种原因,一些重要的建筑没有对社会公众开放。

憩庐

又名黄埔路官邸，位于民国时期中央军校内，环境幽静。憩庐建于1929年，是一幢暗红色的两层小洋楼，造型古朴雄浑，是蒋介石与宋美龄在南京期间重要的工作、生活场所。小楼占地面积近300平方米，西部呈不对称"凹"形。东部一楼南部的走廊和二楼是大平台，均与官邸副楼相连。副楼始建于1930年，为警卫及服务保障人员宿舍。一楼设有舞厅，蒋经国及夫人蒋方良从苏联回国后在此居住。主楼与副楼建筑面积共3000多平方米，共有大小房屋103间。

南京解放后，陈毅、刘伯承、许世友等先后在这里办公。如今，小楼在军事管理区内保存完好，不能参观。

中国战区侵华日军投降签字仪式旧址

位于中央陆军军官学校旧址内。1945年9月2日,日本国政府正式签署投降书;9月9日,在原中央陆军军官学校大礼堂举行中国战区侵华日军投降签字仪式。大礼堂南外墙立面保存完好。建筑式样受到法国文艺复兴时期宫殿式建筑的影响,中央主要入口处门廊前矗立着8根爱奥尼式巨柱,门廊顶部建有钟楼;东西两侧入口处墙壁之上各装饰有4根爱奥尼式立柱,其上各建有1座高高的塔楼。

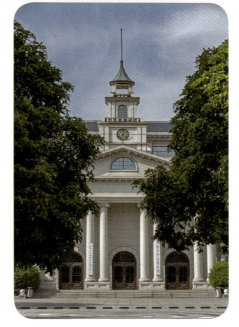

新中国成立后,此建筑成为解放军军事学院礼堂。中央主要入口处有3个拱门,东西两侧入口处各有1个拱门。大礼堂内设有当时仪式场景模型,再现了当时场景。因在军事管理区内,难以参观。

江苏咨议局旧址

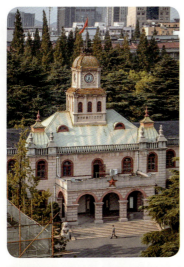

位于湖南路10号（原丁家桥16号），法国宫殿式建筑。这里曾是清朝江苏咨议局、江苏省议会、中华民国临时参议院以及中国国民党中央党部所在地。1937年，南京沦陷前，国民党中央党部西迁。1940年汪伪国民政府在南京粉墨登场后，这里成为汪伪政府机构所在地。1945年，日本投降后，国民党中央党部迁回原址办公，直到南京解放。

这里现为军事管理区。2001年7月，被列为全国重点文物保护单位。

中国第二历史档案馆

原为中国国民党中央党史史料陈列馆,由我国著名建筑大师杨廷宝设计,于1936年建成。档案库房、阅览大厅和业务大楼等建筑均为20世纪50年代后仿照民国建筑风格相继建成。是集中典藏中华民国时期历届中央政府及直属机构档案的中央级国家档案馆。

1951年,在此成立中国科学院近代史研究所南京史料整理处,其后又从成都、重庆、昆明、广州和上海等地接收了大量国民政府中央机构的档案,奠定了馆藏档案的基础。1964年4月,南京史料整理处改隶国家档案局,更名为中国第二历史档案馆,由郭沫若先生题写了馆名。

中国第二历史档案馆设有保管部、利用部等业务机构,专门从事民国档案的收集、保管等工作,结合缩微复制、数字化扫描等手段,对馆藏档案进行研究、开发与利用。编辑出版了包括中华民国史档案资料汇编、丛刊、丛书在内共200余种约10亿字的档案史料,并创办了《民国档案》杂志。接待了包括港、澳、台在内的全国各地和美、日、英、法、德等国家的中外查档者60万人次以上。现不对外开放参观。

国民政府考试院旧址

地处鸡鸣寺东侧、玄武湖南岸。原为南京东岳庙,太平天国时遭战火焚毁部分;1930年在此成立考试院,后在废址上陆续建立了明志楼、衡鉴楼、公明堂、宁远楼、待贤馆、华林馆等建筑。考试院有东西两条中轴线,规划齐整,建筑考究,具有较高的学术研究价值、历史文化价值和旅游价值。

国民政府考试院旧址为全国重点文物保护单位,现因位于南京市委、市政府大院内,不对外开放参观。

东南大学礼堂

于1931年4月底竣工，钢筋混凝土结构，欧洲文艺复兴时期的古典式建筑风格。顶部为钢结构穹隆顶，十分耀眼。大礼堂内设有观众席3层，共2300个座席。这里曾召开国民政府首届国民大会，也是国民政府首届高等考试考场之一。大礼堂以其雄伟庄严和别具一格的造型，成为东南大学和南京的标志性建筑之一。

南京大学北大楼

建成于1919年，位于校园中轴线的尽端，歇山顶，青色筒板瓦，砖木结构，以我国传统建筑形式为主要元素，同时融合西方建筑布局。大楼墙体采用明城砖砌筑，中部正南方凸出5层方形塔楼，形成纵横对比强烈的立面效果。北大楼是南京大学的标志性建筑、鼓楼校区的灵魂。

郊区景点

截至2023年8月,南京市下辖11个市辖区和1个国家级新区(江北新区),共计95个街道、6个镇,总面积约6587平方公里。其中玄武区、秦淮区、建邺区、鼓楼区、栖霞区、雨花台区为主城区,江宁区、六合区、浦口区、溧水区、高淳区为郊区。郊区景点很多,也很有特色。

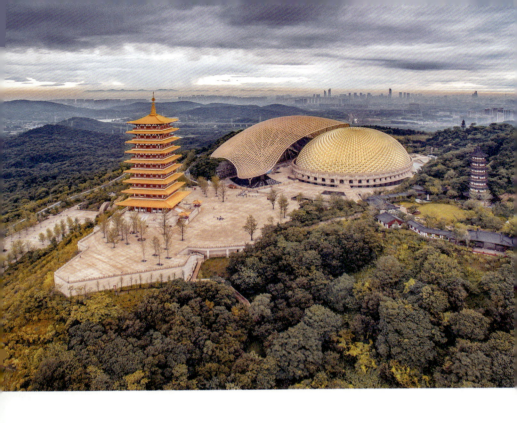

牛首山

因山顶凸出的双峰相对峙恰似牛头双角而得名。牛首山自然风光秀美，素有"春牛首"之美誉。牛首山文化底蕴深厚，乃岳飞抗金之地、郑和长眠之所，是中国禅宗的开教处与发祥地。牛首山文化旅游区以"长期安奉世界佛教最高圣物——佛顶骨舍利"为主题，以"世界佛教文化新遗产、当代建筑艺术新景观"为建设定位，着力打造"生态、文化、休闲"三大胜境。现有佛顶寺、佛顶塔、佛顶宫、岳飞抗金故垒、摩崖石刻、弘觉寺塔、郑和文化园等景点。

打卡处

阳山碑材

位于江宁区汤山街道。朱棣称帝后,为了笼络人心、稳定政局,决定开一巨型石碑以表朱元璋的功德。于是,他征集了全国万余工匠依阳山南麓开凿碑材三块。碑材过大,当初的设计者肯定想到了运输和竖立的问题,但设计和施工者无法违抗朱棣。这三块石材都已成形,其中碑额已与山体分开,碑身、碑座也仅有一端相连。那此石材又为何被遗弃不用?说法有二:一说明朝国势渐衰,朱棣又迁都北京,故不用;一说因南京地理与气候条件有限,不适用古代的滚木与冰运的方法,无法运输而不用。以阳山碑材为依托的明文化村景区,是南京明文化遗产中不可分割的组成部分。

南唐二陵

为五代南唐烈祖李昪及其妻宋氏的"钦陵"和世宗李璟及其妻钟氏的"顺陵",是五代十国时期规模最大的帝王陵墓。南唐二陵共出土遗物近600件,其中以刻字填金的玉质"哀册"最为珍贵,它记录了封建帝后的祭文,也是判定墓主身份的主要依据。南唐二陵是新中国成立以来第一次用科学的方法发掘的陵墓,也是长江中下游地区已发掘的最大、最古老的帝王陵寝。

汤山古猿人洞

发育在奥陶系红花园组灰岩中，说明在60万~35万年前已有南京猿人在汤山生活。景区可分为6大块，分别为入口处石壁雕泉景观、山脚下的古人类石刻园、古人类史料陈列馆、遗址洞口山崖猿人雕刻景观、天然溶洞景观、竹园休闲区。整个景区内随处可见茅屋、石器、巢居屋、穴居屋等石器时代建筑小品，充满历史感。

汤山猿人洞博物馆

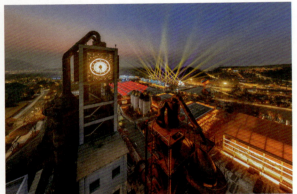

江苏园博园

位于紫金山、栖霞山、宝华山、汤山四个风景区环抱圈内的紫东中心地带。13个地级市展园秉持"与古为新再现精品江苏园林"的设计理念,复原了南京、无锡、常州、苏州、淮安、扬州、泰州等7个城市的历史名园,并结合史料记载及诗词情境再创作了徐州、南通、连云港、盐城、镇江、宿迁等6个城市的园林建筑。

除了再现江苏园林,江苏园博园还全面展开生态修复,利用工业矿坑、小火车等,打造了又一个"城市双修"的作品。同时,对辖区内工业遗存进行加固、改造、升级,形成功能复合的绿色现代园艺展馆。

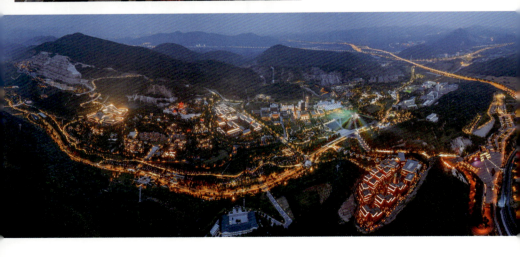

打卡处

雨花石地质公园

作为南京后花园,正积极融入"长江国家文化公园"建设,是以雨花石文化作为应用主景。雨花石是长江一颗璀璨的明珠,已有6000多年的历史。它历经了火与水的洗礼,在江水的伴随下,来到雨花石地质公园——雨花台组砾石层,这里的多相沉积岩是2300万年前古长江兴衰的见证。雨花石地质公园的"雨花台组砾石层科考路线"和"雨花石地质遗迹研学课程"分别被中国地质学会评为"精品地学研学路线"和"精品地学研学课程"。这里还是茉莉花的种植基地,伴随着每颗雨花石,将为您的旅途留下记忆。

郊区景点 | 127

珍珠泉

距浦口火车站及浦口轮渡约 7 公里。珍珠泉源于南京老山山脉的石灰岩地质，是延绵 20 公里的老山形成的两大泉水群之一。珍珠泉具有深厚的历史文化积淀，明清时代以珍珠泉为中心建楼、台、亭、阁 30 余座，形成了融山水园林为一体的优美景观，被誉为"江北第一游观之所"。景区以珍珠泉为中心，分布着珍珠泉、卓锡泉、琥珀泉、佛手湖、六合山等自然山水风景，有定山寺、四方国际建筑艺术展、名石艺术馆等人文景观，又建设开发了珍珠泉长城、欢乐水世界、野生动物园、晋苏鑫游乐园、天立索道、国际高尔夫球场、明发度假村等旅游娱乐项目，是以自然景观为主体，融旅游观光、休闲娱乐、度假疗养为一体的综合景区。

天生桥 位于溧水区，是明太祖朱元璋定都南京后，为沟通南京地区与两浙地区的漕运而建的，也是中国仅存的古代人工运河上横跨两岸巨石而成的天生桥。这种在人工运河上留下巨石而成的天生桥，国内仅此一座。天生桥开凿于1393年，北至秦淮河口，南达洪蓝埠入石臼湖，全长约7.5公里。数十万民工，耗时10年多，焚石凿河约7.5公里，使得山岗岩石夹杂着紫红色，犹如胭脂——胭脂河之名便由此而来。天生桥因河两岸险峻、陡峭、秀丽、幽深，素有"江南小三峡"之称。

东庐山观音寺

位于溧水区城东的东庐山风景区,背倚东庐山,面临中山湖,是百里秦淮河的源头,古称"东庐叠巘"。寺庙始建于元代,太平天国年间被毁,1999年复建,为鸡鸣寺下院。东庐山观音寺的建筑规模宏大、气势磅礴,依山而建,充分利用了自然景观。这里有大佛、天王殿、圆通宝殿、鼓楼、钟楼、斋堂、寮房等建筑。整个观音寺占地千余平方米,是一处集宗教、文化、旅游于一体的地方。

桂子山石柱林

位于六合区，距南京长江大桥约40公里。桂子山高52.6米，其东侧为玄武岩，石柱林即发育于玄武岩中。景区占地面积约15公顷，陡壁高30多米，全部由直径0.5米左右的石树组成，排列整齐、紧密，气势雄伟，景色奇异，极为壮观。

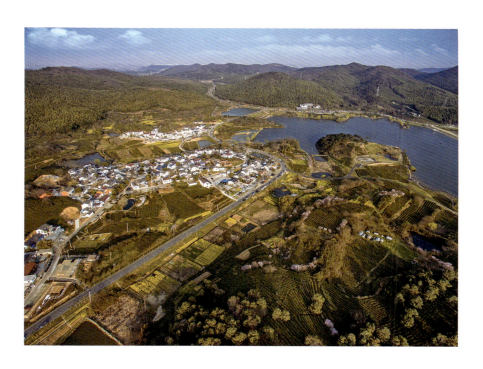

黄龙岘茶文化村

位于江宁区牌坊社区,东邻战备水库,西接牌坊水库,四周茶山、竹林环绕,环境优美,生态宜居。村庄盛产龙针、龙毫品牌茶叶,茶香四溢,口味醇厚。村庄着力打造融品茶休憩、茶道、茶艺、茶叶展销—研发—生产、特色茶制品等于一体的茶文化特色茶庄,同步建设了千亩茶园观光道、茶文化风情街道、千年古官道、仙林竹荫道、诗画黄龙潭等"四道一潭四十景"以及以晏公典故为主的"龟山十二景"等旅游景观,形成集"食、住、行、游、购、娱"于一体的乡村发展新格局。相继获得"中国最美休闲乡村"等100多项荣誉,多次受到中央电视台专题报道。

固城湖水慢城

是南京高淳固城湖旅游度假区首发区域，占地面积8000余亩，是一个集生态养殖、生态观光、科普教育、水上娱乐、水上运动、休闲度假于一体的游憩型湖畔生活度假目的地。

固城湖水慢城依托现有的湿地资源，打造了众多观光体验性项目，包含品种繁多的百荷园、浪漫的婚庆园、神秘的芦苇荡、柔软的金沙滩、千亩滨湖花海、亲子乐享的戏渔谷、湿地动物园等观光型景点，同时还有听荷品茗、快乐垂钓、泥浆足球、疯狂卡丁车、暴走坦克车、骑马射箭、水上极限等休闲运动娱乐型项目。

围绕景区水元素及景点特色，打造四季不同的主题活动：春季户外生活节，如画春色中踏青、赏花、露营、放风筝；夏季荷花节，千亩百荷园荷花盛开，亲水赏荷，清爽度夏日；秋季螃蟹节，秋游品蟹，美景美食双丰收；冬季养生年货节，打造浓浓年味，暖心归家。处处有惊喜，季季有看点。

高淳老街

位于高淳区淳溪街道,又名淳溪老街。老街历史可以追溯至宋朝时建立的街市,距今已有900余年的历史。有吴家祠堂、杨厅、关王庙及乾隆古井等建筑。高淳老街上成片的明清建筑傍水而列,古朴典雅的砖木石雕随处可见,被中外学者和广大游客誉为"东方文明之缩影""古建筑的艺术宝库"。

特产

住宿

南京特产首推"南京三宝"：云锦、金箔、雨花石。另外还有雨花茶以及盐水鸭、板鸭、香肚、鸭血粉丝汤、鸭油酥烧饼等食品。

南京住宿还是很方便的，既有星级标准宾馆，也有各具特色的民宿。旅游旺季，记得一定要提前预定哟！

美食

南京菜又称京苏大菜，选料严谨，制作精致。在烹调上擅长炖、焖、叉烤，讲究原汁原味，风味清鲜和醇，咸淡相宜，有"七滋七味"之说：酸、甜、苦、辣、咸、香、臭；鲜、松、酥、嫩、脆、浓、肥。

早八鲜""水八鲜"等野菜也被端上南京饭桌，大受欢迎。

南京菜的四大名菜是松鼠鱼、蛋烧卖、美人肝、凤尾虾，后发展为"松子熏肉、芙蓉虾仁、清炖鸡孚、炖菜核"，除此之外，炖生敲、黄焖鸭、全腿炖腰酥、金陵圆子、贵妃鸡翅、鸡茸鲍鱼等也脍炙人口。

南京不但有阳春白雪的美食大餐，也有小家碧玉的可口小吃。南京小吃有荤有素，甜咸俱有，形态各异，主要有鸭血粉丝汤、牛肉粉丝汤、鸭油酥烧饼、开洋干丝、回卤干、卤茶鸡蛋、鸡汁汤包、糯米藕、牛肉锅贴、五香鹌鹑蛋、梅花糕、桂花糖芋苗、豆腐脑、桂花赤豆元宵、凉粉、五香豆、臭豆腐、臭面筋、旺鸡蛋、活珠子等等。

还有一样不能遗漏，那就是鸭子！南京人在吃鸭子上动足了脑筋，花样多多，将鸭子肢离分解，烤烧炖蒸。有人戏称：

"没有一只鸭子能活着离开南京"。

身在南京，真是好口福！您不妨寻到小巷深处，跟着大爷大妈，排着长队，与南京人一起享受美食。

红公馆

以传承淮扬菜系为宗旨,深耕南京,将中国传统文化、南京城市文化与美食生活完美融合。除此之外,红公馆品牌还涉足文化创意、人文街区、生活艺术等领域,同时致力于推广南京雨花茶文化。

在南京,"红公馆"已成为独树一帜的文化旅游地标。"中国味,世界观",红公馆通过历史建筑和生活艺术这两种"世界语言",实现了文商旅融合发展,让世界各地的游客感受到了深厚的中国文化魅力。

鸭血粉丝汤　　　　　松鼠鳜鱼　　　　　雨花茶香奶冻

红公馆牌匾

公馆客厅

约会佳处

景观连廊

南京三宝

南京云锦是在南京生产的以锦缎为主的各种提花丝织物的总称，因美如天上彩云而得名，有"寸锦寸金"之称。

金陵金箔有"中华一绝"之称。真金经过12道复杂工艺，被锻造成厚度不足万分之一毫米的金箔，薄如蝉翼，柔似绸缎，轻若鸿毛。

雨花石是一种天然玛瑙石，色彩斑斓，花纹多样，以"花"为名，花而冠雨，美丽迷人。

万帛云锦提供

金陵金箔集团提供

雨花石地质公园提供

特色酒店

冶一城市民宿，深耕夫子庙－新街口热门目的地，立志成为游客接触南京的美好初印象。客房以自然、节气为设计主题，让客人一览四季金陵之美，领略秦淮河畔的都市风华。开业以来，在扩充门店数量、丰富设计的同时，还通过各式的活动，丰富旅客们的入住体验，并搭建起能让旅客们互相交流、分享的平台，输出更多南京的风土文化。

金陵金箔

南京金陵金箔集团坐落在南京市江宁区,是世界五大金箔生产中心之一、中国金箔故乡、中国非物质文化遗产传承保护基地、国务院"中国金箔城"授牌所在地标志性企业和支柱型企业、故宫官式古建筑材料(金箔)基地,也是中国烟草配套材料重点生产基地、国家工艺美术行业大型一档企业、科技部命名的"火炬计划"重点高新技术企业、中国服务业500强企业、江苏省百强名企。2013年入选"江苏符号",成为江苏省知名的文化地标。

南京云锦

南京万帛云锦集团有限公司是南京市云锦传承生产织造保护基地和南京市云锦宣传展示基地。公司拥有多名国家级云锦非遗传承人和省级云锦非遗传承人。产品覆盖服装、工艺品、文化传媒等多个领域。万帛人积极响应国家"一带一路"倡议，努力让中华优秀传统文化展现时代风采。

美食、特产、住宿

鱼嘴湿地公园

汤山矿坑公园

南京的打卡点还有很多……

池杉湖湿地公园

国民政府海军部旧址

中山码头之夜

六合金牛湖

四方当代美术馆

南京南站

还有遗漏的景点和美食,
以及南京特色吗?请您补充!

打卡处

打卡处

这有多重要的打卡点，等你勇敢的来迎！

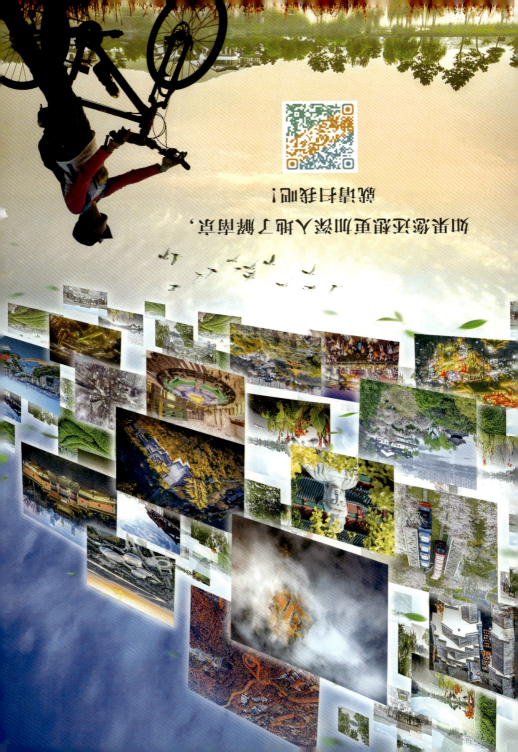